In Sechs Schritten zum Beruflichen Erfolg: Erfolgsrezept Lebenslauf

Gwyneth Letherbarrow

Bitte besuchen Sie www.feelgoodcoachingandconsulting.com für weitere Informationen.

In der Serie „In sechs Schritten zum beruflichen Erfolg" erscheinen in Kürze folgende Publikationen:

Erfolgsrezept Bewerbungsgespräch

Das Anschreiben

Meeting Management

Meine persönliche Marke

Präsentationen

Mein Team

Der Unternehmerkompass

Aus dem Englischen von Eva Pumpernig

ISBN:1508486727
ISBN-13:9781508486725

Inhalt

Gwyneth Letherbarrow

VORWORT

Ende 2012 hielt ich einen Workshop für Bewerbungsgespräche und das Gestalten von Lebensläufen ab. Einer der Teilnehmer vertraute mir an, dass er sich sehr um seine Zukunft sorgte. Das Unternehmen, für das er arbeitete, baute Personal ab. Weil er im gleichen Aufgabenbereich wie einige seiner Kollegen arbeitete, musste er sich für seine eigene Stelle neu bewerben. Er war davon überzeugt, dass einer seiner Kollegen den Job bekommen würde, weil die anderen ein besseres Verhältnis zum Chef hatten und war der Verzweiflung nahe. Obwohl er im Workshop alles gab, wurde mir klar, dass für ihn einige Fragen offen blieben, auf die nur er selbst eine Antwort finden konnte. Diese Fragen betrafen ihn persönlich, und auch seinen Arbeitgeber.

Ungefähr sechs Monate später hielt ich gerade weitere Workshops im selben Unternehmen ab, als ich eine Nachricht bekam. Ein junger Mann wollte mit mir sprechen. Ich hatte gerade Pause, also machte ich mich auf die Suche nach ihm. Zuerst erkannte ich diesem Mann mit seinem selbstbewussten und fröhlichen Gesichtsausdruck nicht. „Ich habe den Job bekommen", sagte er. „Sie haben mein Leben verändert, und dafür möchte ich Ihnen danken!" Ich war verblüfft und überglücklich.

Es war derselbe junge Mann, der sich vor sechs Monaten beinahe aufgegeben hätte. Er erzählte mir, dass er sich alles aus dem Workshop angeeignet und hart an seinem neuen Image gearbeitet hatte.

Zurück in die Gegenwart. Es ist unwahrscheinlich, dass die Arbeitslosenrate irgendwo auf der Welt in nächster Zeit wesentlich sinken wird. Die Gesellschaft schraubt ihre Erwartungen unglaublich nach oben und verlangt immer mehr akademische Qualifikationen von uns. Gleichzeitig hören wir aber von einer steigenden Zahl von Absolventen, die keinen Job finden können. Die Menschen erzählen mir überall, dass man „jemanden kennen muss", um einen Job zu bekommen, oder sie sagen: „Die Arbeitslosigkeit ist so hoch, da habe ich keine Chance."

Bei Berufsanfängern kann man in letzter Zeit beobachten, dass es einen steigenden Trend zu mehrjährigen, unbezahlten Praktika gibt, um Berufserfahrung zu sammeln. Aber sogar diese Berufsgruppe beklagt sich darüber, dass der Wettbewerb so stark ist, dass man nur sehr schwer einen Platz bekommt. Schlägt man allerdings eine Zeitung auf, dann findet man hunderte freie Stellen, und Unternehmen beschweren sich darüber, dass sie kein „qualifiziertes" Personal finden können.

Was passiert hier also? Es geht um Prozesse in den Bereichen Technologie und Arbeitnehmerrechte, es geht um Globalisierung und Altersdiskriminierung (obwohl das gesetzlich nicht erlaubt ist). Ich glaube, Sie verstehen, was ich meine.

Was aber konstant bleibt, ist die Tatsache, dass es an IHNEN liegt, aktiv zu werden. Es gibt keine einfache Lösung oder einen Zauberspruch, und es gibt keine Garantien. Was Ihnen dieses Buch aber bietet, ist derselbe Inhalt, den ich in meinen Workshops vermittle. Deswegen weiß ich, dass diese Schritte beeindruckende Ergebnisse liefern können. Dabei kommt es darauf an, ob Sie bereit sind, diesen Weg zu gehen, ganz gleich, welchen Beruf Sie anstreben.

Lassen Sie sich nicht davon in die Irre führen, dass dieses Buch relativ dünn ist: Es wartet viel Arbeit auf Sie, denn als Coach besteht mein Zugang zum Training darin, viele Fragen zu stellen. Wenn Sie aber bereit sind, innezuhalten und sich zu fragen, was *Sie* wollen und wer *Sie* sind, dann sind Sie einem Job, der Ihnen Spaß macht, und einer fantastischen Zukunft bereits einen großen Schritt näher.

Nicht ich habe das Leben des jungen Mannes verändert, der auf mich zukam. Er hat das alleine geschafft, weil er sich darauf konzentriert hat, wer er sein wollte und dann hart daran gearbeitet hat, dieses Ziel zu erreichen.

Viel Glück, Sie können es schaffen!

EINE EINFÜHRUNG IN DIESES BUCH: WAS IST EIN LEBENSLAUF?

Was ist ein Lebenslauf? Wenn Sie im Wörterbuch nachschlagen, dann finden Sie wahrscheinlich eine Definition, die einen Lebenslauf als historische Auflistung Ihrer Fähigkeiten, Qualifikationen und beruflichen Erfahrungen beschreibt. Der lateinische Ausdruck „Curriculum Vitae", der im englischen Sprachraum verwendet wird, bedeutet wörtlich übersetzt auch tatsächlich „Verlauf des Lebens". Alles schön und gut, aber ein Lebenslauf ist so viel mehr als eine Zusammenfassung Ihrer Kenntnisse und Erfahrungen. Er ist Ihr Angebot an die Arbeitswelt und Ihre ganz persönliche Form des Marketings, weil er SIE beschreibt. Ihr potenzieller Arbeitgeber hat keine Ahnung, wer Sie sind. Ihr Lebenslauf muss denjenigen, der ihn liest, auf Sie aufmerksam machen.

Auf www.businessinsider.com finden Sie eine tolle Grafik. Sie zeigt Ihnen die Teile eines Lebenslaufs, auf die sich eine Person, die ihn zum ersten Mal sieht, konzentriert. Normalerweise - bitte erinnern Sie sich daran, dass das wahrscheinlich jemand ist, der sich hunderte Lebensläufe ansieht - wird der Blick dieser Person auf Ihre persönlichen Angaben, Ihr Profil, Ihren (falls vorhanden) letzten Job und Ihre höchste Ausbildungsstufe fallen, und das war es auch schon! Im Durchschnitt entscheidet die erste Person, die sich Ihren Lebenslauf ansieht, binnen sechs Sekunden, ob Ihre Bewerbung einen zweiten Blick wert ist.

Wenn Sie also wissen, dass Sie nur so lange Zeit haben, jemanden davon zu überzeugen, dass Sie diesen zweiten Blick wert sind, wie es dauert, diesen Satz zu lesen, und wenn Sie daran denken, dass Ihr Lebenslauf Ihren gesamten zukünftigen beruflichen Werdegang verändern kann - wie viel Zeit würden Sie dann investieren, um Ihren Lebenslauf zu erstellen? Ein paar Stunden, oder vielleicht ein paar Tage? Sind Sie schon einmal in Versuchung geraten, jemanden zu beauftragen, Ihren Lebenslauf für Sie zu schreiben, weil Sie es einfach zu schwierig finden oder es zu lange dauert, es selbst zu tun? Wie sehr wollen Sie diesen Job wirklich?

Den Lebenslauf, den ich momentan zum Vermarkten meiner Workshops verwende, habe ich drei Jahre lang verfeinert und ich passe ihn immer noch jedes

Mal an die Person oder das Unternehmen an, wenn ich ihn versende. Das klingt vielleicht ein bisschen extrem, aber es bringt Sie hoffentlich dazu, innezuhalten und nachzudenken, bevor Sie noch einmal einen Lebenslauf versenden, den Sie nur ein paar Minuten lang aktualisiert haben oder - noch schlimmer - den Sie gar nicht angepasst haben, weil die Abgabefrist immer näher rückt.

SCHRITT EINS. DER KARRIEREKOMPASS

„Schon am Anfang das Ende im Sinn haben" –
Stephen Covey

Ich glaube hundertprozentig daran, dass Sie einen fantastischen Job bekommen können, weil ich an *Sie* glaube. Glauben Sie an sich selbst? Wenn Sie wüssten, dass es eine Erfolgsgarantie gäbe, was würden Sie tun? Welchen Beruf würden Sie wählen, wenn Sie sich nicht um Ihre Familie oder die Konsequenzen Ihrer Entscheidung sorgen müssten? Viele Menschen fühlen sich bei der Jobsuche unter Druck, weil sie schlicht und einfach ihre Rechnungen bezahlen müssen. Noch mehr Menschen bewerben sich nicht einmal für einen Job, den sie wirklich wollen, weil sie davon überzeugt sind, dass sie nicht klug genug sind oder dass der Wettbewerb zu stark ist. Das ist verständlich. Es ist aber keine Entschuldigung dafür, denselben Lebenslauf an fünf oder sogar fünfzig verschiedene Unternehmen zu senden und sich dann darüber zu wundern, dass man zu keinem Bewerbungsgespräch eingeladen wird. Ich möchte, dass Sie sich ein paar Minuten Zeit nehmen, um herauszufinden, was *Sie* wollen. Wenn Sie das nämlich nicht wissen, dann könnte es auch schwierig werden, es zu finden.

Lassen Sie mich das genauer erklären. Wenn Sie gerne unter Menschen sind, Essen lieben, gerne in einer freundlichen Umgebung arbeiten und geduldig genug sind, monotone Arbeiten in geregelten Arbeitszeiten zu verrichten, arbeiten Sie wahrscheinlich am liebsten in einer Bäckerei; mit einem Job als Lokführer werden Sie nie glücklich werden. Ebenso sind Sie wahrscheinlich auf einem Bauernhof oder als LandschaftsarchitektIn glücklicher als in einem Bürojob, wenn Sie gerne an der frischen Luft arbeiten und Ihnen ein bisschen Einsamkeit nichts ausmacht.

ÜBUNG

Ihr erster Schritt besteht nun darin, alle Dinge aufzulisten, die Ihren Traumjob (oder zumindest Ihren bevorzugten Job) ausmachen, zum Beispiel:

- Ein großes oder ein kleines Unternehmen?
- Öffentlicher oder privater Sektor?
- In welchem Bereich ist das Unternehmen tätig?
- Was für Menschen arbeiten dort?
- Was möchten Sie dort tun - arbeiten Sie in einer unterstützenden oder in einer leitenden Funktion?
- Was tun Sie am liebsten?
- Auf welche Art und Weise unterstützt das Unternehmen seine Angestellten? Ist es im Umweltschutz aktiv?
- Welche Arbeitszeiten bevorzugen Sie?
- Wie viel möchten Sie verdienen? (Verkaufen Sie sich nicht unter Ihrem Wert, aber bleiben Sie realistisch)
- Wie steht es um Zusatzleistungen wie Urlaub oder private Krankenversicherung?

Die Liste kann so kurz oder so lang werden, wie Sie möchten. Nehmen Sie sich aber die Zeit, jedes Element, das Ihnen wichtig ist, zu bestimmen. Schreiben Sie dann alles auf.

Wir neigen normalerweise dazu, Stellenangebote durchzugehen und uns diejenigen genauer anzusehen, die in etwa unseren Möglichkeiten entsprechen. Wenn Sie im Vorhinein entscheiden, was für Sie wichtig ist, dann sind Sie sich auch im Klaren darüber, was Sie wollen. Haben Sie einen Job einfach nur deswegen, damit Sie Ihre Rechnungen bezahlen können, dann stehen die Chancen gut, dass Sie unglücklich damit sind und ich habe noch nie jemanden kennengelernt, der ständig unglücklich sein will.

Steht Ihre Liste fest, dann wählen Sie jetzt die acht wichtigsten Elemente aus, die Ihr Traumjob bieten soll.

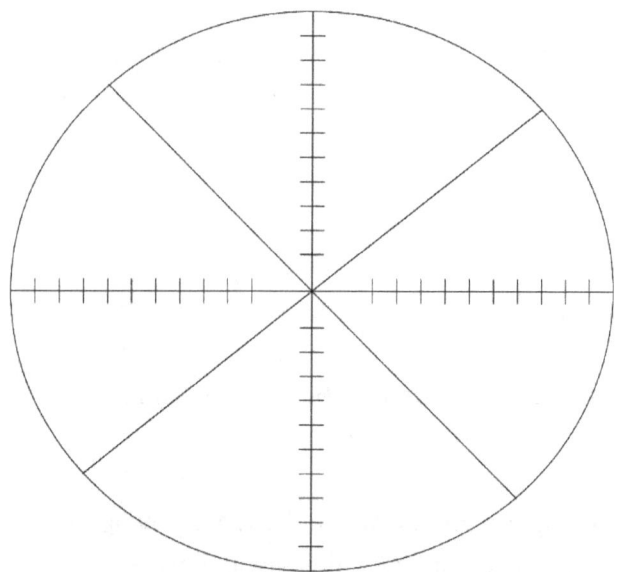

Abbildung 1: Der Karrierekompass

ÜBUNG

Zeichnen Sie als Nächstes einen Kreis wie diesen auf ein leeres Blatt Papier und schreiben Sie dann in jeden der Kreisabschnitte eines der acht Elemente, die Sie ausgewählt haben, hinein. Wie wichtig ist dieses Element Ihres Traumjobs auf einer Skala von 0 bis 10? Bewerten Sie jeden Kreisabschnitt jetzt von 0 bis 10 (0 befindet sich in der Mitte, 10 am Rand des Kreises). Wenn zum Beispiel die Anzahl der Urlaubstage sehr wichtig für Sie ist, dann werden Sie dafür vielleicht die Zahl „9" wählen; wünschen Sie sich geregelte Arbeitszeiten, sind aber zu Kompromissen bereit, falls das ein höheres Gehalt bedeutet, dann wählen Sie für diesen Abschnitt möglicherweise eine „6". Stellen Sie die Zeichnung fertig, indem Sie durch jeden Kreisabschnitt eine Linie ziehen, je nachdem, wie hoch Ihre Bewertung ausgefallen ist.

Wenn Sie mit dieser Übung fertig sind, haben Sie eine bessere Vorstellung davon, was für Sie bei Ihrer Jobsuche wichtig ist. Das wird Ihnen wiederum dabei helfen, einen Job zu finden, an dem Sie Freude haben. Ihr Traumjob würde in allen Abschnitten die Bewertung „10" bekommen.

Gwyneth Letherbarrow

SCHRITT ZWEI. WO SOLL ICH NACH MEINEM JOB SUCHEN?

„Klopft die Chance nicht an, dann bau' eine Türe." – Milton Berle

Gehören Sie zu den Menschen, die zu Hause stundenlang im Internet nach Jobs suchen, ohne mit jemandem zu sprechen? Natürlich könnten Sie eines Tages Glück haben und etwas Tolles dabei finden, aber es kann sehr demotivierend sein, sich von der Außenwelt abzukapseln, nur weil man arbeitslos ist. Haben Sie schon einmal an Networking gedacht? Damit meine ich keine formellen Networking-Veranstaltungen, obwohl das natürlich auch eine Möglichkeit sein kann. Ich meine damit, dass Sie Zeit mit Ihrer Familie und Ihren Freunden verbringen und sie darum zu bitten, Ihnen in Zukunft Bescheid zu geben, wenn sie von einer offenen Stelle hören sollten. Zeichnen Sie ein klares Bild von dem, was Sie sich wünschen.

Wenn Sie sich für Schritt Eins Zeit genommen haben, dann wissen Sie, was Sie wollen. Jemanden darum zu bitten, Sie darüber zu informieren, wenn sich eine Gelegenheit bietet, ist etwas anderes, als diese Person darum zu bitten, einen Job für Sie zu finden. Setzen Sie jemanden ungewollt unter Druck, die Jobsuche für Sie zu übernehmen, kann sich das nicht nur negativ auf Ihre Freundschaft auswirken. Trotz der weit verbreiteten Ansicht, dass es „nicht darauf ankommt, was man kann, sondern wen man kennt", sind es nämlich immer noch *Sie*, die zum Vorstellungsgespräch gehen und dort auch überzeugen müssen. Wie würden Sie sich fühlen, wenn Sie sich ständig daran erinnern müssten, dass Sie den Job nicht deswegen bekommen haben, weil Sie ein toller Mensch sind, sondern weil eine andere Person Beziehungen hatte?

Obwohl Sie in den Printmedien (zum Beispiel in der örtlichen Zeitung) nach wie vor offene Stellen finden können, gibt es mittlerweile eine große Zahl von Websites, die sich auf dieses Gebiet spezialisiert haben und Stellenangebote aus allen Berufssparten auflisten. Wenn Sie Onlinemedien bevorzugen, dann sollten Sie vielleicht Ihren Lebenslauf hochladen, damit Sie von Arbeitgebern gefunden werden können. Diese Form der Selbstvermarktung kann sehr nützlich sein. Der einzige Nachteil besteht darin, dass Sie dadurch auch Unternehmen ausgesetzt sind, die Ihnen Hilfe bei der Jobsuche anbieten und dann etwas für diese Dienstleistung verrechnen.

Vergessen Sie nicht, dass Sie die vollständige Kontrolle darüber haben, welche Informationen Sie preisgeben. Solange Sie keine persönlichen Details posten, hat auch niemand Zugang dazu. Am Ende dieses Buchs finden Sie einige nützliche Links und eine Liste von Websites, auf denen Sie Ihren Lebenslauf oder Ihr Profil online stellen können. Erwarten Sie nicht, dass Ihnen ein Job einfach so zufliegt, nur weil Sie über gute Qualifikationen und Erfahrung verfügen. Bei der Jobsuche ist es wichtig, dass Sie regelmäßig mit anderen kommunizieren.

ÜBUNG

Erstellen Sie eine Liste von allen Orten, an denen Sie nach Ihrem Job suchen möchten. Schreiben Sie die Web-Adressen auf, damit Sie jeden Punkt auf Ihrer Liste abhaken können, nachdem Sie sich auf der Seite umgesehen haben.

SCHRITT DREI. WER SIND SIE?

**„Was vor uns liegt und was hinter uns liegt, ist
unbedeutend verglichen mit dem,
was in uns steckt" – Ralph Waldo Emerson**

Sie wissen bereits, dass Sie nur sechs oder sieben
Sekunden lang Zeit haben, um die Person in der
Personalabteilung davon zu überzeugen, dass Sie
einen zweiten Blick wert sind. Deswegen müssen Sie
etwas Außergewöhnliches präsentieren, um sie auf
sich aufmerksam zu machen.

Wenn es um Selbstvermarktung oder das eigene
Image geht, verwende ich gerne Waschpulver als
Beispiel. Nehmen Sie sich ein wenig Zeit, damit Sie
nachvollziehen können, was ich meine. Denken Sie
einmal daran zurück, als Sie zum letzten Mal eine
Werbung für Waschpulver gesehen haben. Ist der

Schauspieler mit dem Produkt in seinen Händen dagestanden und hat einfach gesagt: „Dieses Mittel wäscht sehr gut, bitte kaufen Sie es!"? Natürlich nicht. Sie haben wahrscheinlich lächelnde Mütter (manchmal auch Väter), die scheinende Sonne, umherlaufende Kinder, helle Farben und saubere Wäsche gesehen. Verstehen Sie, was ich damit sagen will? Es genügt nicht, Ihrem potenziellen Arbeitgeber mitzuteilen, was Sie tun können. Sie müssen ihm eine Idee davon geben, wie großartig Sie sind, damit er sich bereits vorstellen kann, wie Sie vor ihm stehen (oder sitzen).

Wir neigen dazu, unser Leben mit Blick auf die nächsten Tage oder Wochen zu planen, manchmal buchen wir auch einen Urlaub ein paar Monate im Voraus. Wann haben Sie sich aber das letzte Mal die Zeit genommen und über Ihre mittel- und langfristige Zukunft nachgedacht? Wo sehen Sie sich in fünf Jahren (das könnte übrigens eine Frage in Ihrem nächsten Bewerbungsgespräch sein)? Was können Sie besonders gut? Was haben Sie bisher erreicht? Wie gut werden Sie sich verkaufen? Was ist Ihre „Marke"? Bei der Beantwortung dieser Fragen lassen Sie sich vielleicht dazu verleiten, sich selbst in eine Schublade wie SekretärIn, ProjektmanagerIn oder Anwalt/Anwältin zu stecken. Das beschreibt aber nicht, wer Sie sind. Es sind in erster Linie Titel, und das hat auf dem Papier wenig Bedeutung.

Ich möchte Ihnen eine weitere Frage stellen. Wie sehr unterscheidet sich Ihre Definition von „qualifiziert" von jener Ihrer potenziellen Arbeitgeber? Wie oft haben Sie sich selbst oder andere sagen hören, dass eine bestimmte Person nicht qualifiziert sei? Sie sind vielleicht schon an dem Punkt angelangt, an dem Sie der Meinung sind, dass Ihre Arbeitserfahrung und Ihre akademischen Qualifikationen den Anforderungen in der Stellenausschreibung ungefähr entsprechen. Es ist für Ihren potenziellen Arbeitgeber aber genauso wichtig, etwas über Ihre Persönlichkeit zu erfahren. Sind Sie vertrauenswürdig? Haben Sie ein Auge für's Detail? Können Sie gut im Team arbeiten oder arbeiten Sie lieber auf eigene Initiative? Mögen Sie Routine oder langweilen Sie sich schnell? Können Sie mit Meinungsverschiedenheiten am Arbeitsplatz umgehen? Wie gut sind Sie darin, andere zu überzeugen? Wie gehen Sie damit um, wenn Sie einen Fehler machen? Wie gehen Sie mit Deadlines und Stress um? Wie wichtig ist es Ihnen, die ‚Richtlinien und Regeln' des Unternehmens zu befolgen? Welche Beispiele können Sie für all diese Qualitäten und Fähigkeiten anführen?

Keine dieser Fragen ist einfach zu behandeln, und Sie werden einige Zeit brauchen, um sie zu beantworten.

ÜBUNG

Vergessen Sie Ihre Rolle als Elternteil, ArbeitnehmerIn, StudentIn, FreundIn oder jede andere Rolle, die Sie sich selbst zuschreiben. Sie sind einzigartig. Wenn Sie sich selbst erfolgreich vermarkten wollen, dann müssen Sie vollkommen sicher sein, **wer Sie sind**, bevor Sie beginnen, Ihren Lebenslauf zu schreiben.

Erinnern Sie sich noch einmal daran, dass Sie nur einige Sekunden lang Zeit haben, jemanden davon zu überzeugen, Ihre Bewerbung auf den richtigen Stapel zu legen. Indem Sie ein Bild von „sich", dem Menschen, in Ihrem Lebenslauf zeichnen, heben Sie sich von 95 % der anderen Bewerber ab, die nach dem Copy-Paste-Verfahren eine Liste Ihrer vorangegangenen Aufgaben und Zuständigkeiten erstellt haben. Nehmen Sie einfach Stift und Papier (oder ein Tablet,...) und schreiben Sie alles auf.

SCHRITT VIER. DIE FAKTEN ZUSAMMENTRAGEN

„Besorge dir erst die Fakten, und dann kannst du sie verdrehen, wie du willst." – Mark Twain

Kommen wir nun zu einigen praktischeren Themen. Es scheint eine allgemeine Regel zu geben, die besagt, dass ein Lebenslauf nicht länger als zwei Seiten sein darf. Es kommt aber immer auf den Job an, für den Sie sich bewerben und darauf, welche Informationen der Arbeitgeber sich von Ihnen wünscht. Ich möchte jetzt aber, dass Sie *alles* zusammentragen, das unter die unten stehenden Überschriften fällt. Wenn Sie damit fertig sind, haben Sie ein ziemlich langes Dokument. Es wird aber viel einfacher für Sie sein, diese anstrengende Arbeit jetzt hinter sich zu bringen und Ihren Lebenslauf dann, je nach Bewerbung, zu kürzen und zu verändern.

Wird für eine Bewerbung ein vorgefertigtes Bewerbungsformular verlangt, können Sie Ihre Informationen ganz einfach umgestalten und sie dem Format anpassen.

ÜBUNG

Ihr Name

Beginnen Sie am besten, indem Sie Ihren Namen fettgedruckt und in Großbuchstaben an den Anfang Ihres Lebenslaufs schreiben, gefolgt von den wesentlichen Kontaktdaten.

Telefonnummer: Wo kann man Sie einfach erreichen? Haben Sie kleine Kinder oder ältere Verwandte zu Hause? Dann verwenden Sie diese Nummer besser *nicht*. Für jemanden in der Personalabteilung ist es unglaublich frustrierend, wegen eines Vorstellungsgesprächs anzurufen und dann stattdessen die ersten Worte eines dreijährigen Kindes zu hören, so niedlich es auch sein mag. Ebenso könnte ein Kollege den Anruf beantworten, falls Sie die Telefonnummer Ihres aktuellen Arbeitsplatzes angegeben haben und gerade nicht da sind. Das kann unangenehm sein, wenn Sie niemandem von Ihrer Jobsuche erzählt haben.

E-Mail-Adresse: Ziehen Sie in Betracht, speziell für Ihre Jobsuche einen eigenen E-Mail Account einzurichten. So können Sie den Überblick darüber bewahren, wo Sie sich beworben haben ohne dass Sie Ihre persönlichen Korrespondenzen durchsuchen müssen. Welches Image möchten Sie vermitteln?

Außer, Sie bewerben sich in einer Schokoladenfabrik, wird eine E-Mail-Adresse wie „sweetie@gmail.com" Ihren potenziellen Arbeitgeber eher abschrecken. Bleiben Sie bei Ihrem vollständigen Namen oder bei der ersten Initiale Ihres Vornamens gefolgt von Ihrem Nachnamen, oder einem ähnlichen Format. Passen Sie auch auf, wenn Sie Ziffern verwenden. Können Sie den Unterschied zwischen „1" und „I" sofort erkennen?

In den meisten Unternehmen gibt es im Rahmen der E-Mail-/Internetbestimmungen eine Regel, nach der diese Services nur für offizielle Zwecke genutzt werden dürfen. Überlegen Sie sich gut, bevor Sie (sollten Sie gerade einen Arbeitsplatz haben) Ihre dortige E-Mail-Adresse für Bewerbungen verwenden. Und selbst wenn es eine Rechtfertigung dafür gibt, dann könnte Ihr Arbeitgeber trotzdem Zugang zu Ihrem E-Mail-Account haben. Haben Sie niemanden von Ihrer Jobsuche erzählt, dann könnten Sie Ihren aktuellen Arbeitsplatz vielleicht schon früher als erwartet verlassen. Das ist natürlich ein extremes Beispiel, aber behalten Sie es bitte im Hinterkopf.

Skype: Einen Skype-Account kann man im Internet gratis einrichten. Skype-Kontaktdaten sind eine nützliche Information, wenn Sie einen Job im Ausland suchen oder einfach nur Ihre Telefonrechnung schonen wollen.

Geburtsdatum: Gemäß EU-Recht ist es dem Arbeitgeber nicht erlaubt, während des Bewerbungsprozesses nach Ihrem Geburtsdatum zu fragen. Eine Ausnahme besteht dann, wenn es für den jeweiligen Job relevant ist. Ihnen sollte aber bewusst sein, dass der Arbeitgeber Ihr Alter zumindest grob schätzen kann, wenn er sich die Informationen über Ihre Ausbildung ansieht. Viele Unternehmen und Organisationen, die Bewerbungsformulare verwenden, nehmen diese Daten nach wie vor auf. Es liegt also bei Ihnen.

Familienstand und Angehörige: Auch diese Angaben haben nichts damit zu tun, ob Sie für den Job geeignet sind und werden deshalb auch meistens weggelassen.

Beruflicher Werdegang

Geben Sie die Namen und Adressen Ihrer früheren
Arbeitgeber (falls vorhanden) und den Zeitraum
Ihrer Beschäftigung in umgekehrt chronologischer
Reihenfolge (also die letzte Tätigkeit zuerst) an.
Beschreiben Sie Ihre wichtigsten Pflichten und
Aufgabenbereiche (wir sehen uns später genauer an,
wie Sie diese Informationen darstellen sollten). Mit
welchen Beispielen könnten Sie Ihre Aktivitäten
beschreiben? Diese Beispiele sollten Situationen
beschreiben, in denen Sie gute Leistungen erbracht
haben und zeigen, was ihr Input bewirkt hat.
Schreiben Sie alles auf, was Ihnen einfällt und Ihnen
dabei hilft, diese Situationen zu veranschaulichen.

Ausbildung

Geben Sie Details über Studienfächer an
Universitäten oder Fachhochschulen an, inklusive
Ihrer Note und dem Studienzeitraum. Der letzte
Abschluss sollte wieder an erster Stelle stehen.

Mitgliedschaften in Berufsvereinigungen

Arbeiten Sie im medizinischen Bereich, dann sind
Sie vielleicht Mitglied der Ärztekammer, arbeiten
Sie im Finanzsektor, dann gehören Sie vielleicht
einem Handelsverband an. Abonnements für
Fußballkarten oder Ähnliches sind hier natürlich
nicht das Thema.

Aus- und Weiterbildung

Erstellen Sie eine Liste aller Kurse, an denen Sie teilgenommen haben und die nicht Teil Ihrer formellen Ausbildung waren. Das kann zum Beispiel Karriere-Coaching, ein IT-Kurs oder sogar eine Ausbildung beim Roten Kreuz auf freiwilliger Basis sein.

Publikationen

Publikationen sind vor allem für Positionen relevant, die spezifische Qualifikationen in den Bereichen Medizin, Recht oder Bildung verlangen.

Freiwillige Aktivitäten

Haben Sie an Aktivitäten teilgenommen, um andere Personen zu unterstützen?

Weitere Informationen

Die meisten Arbeitgeber möchten wissen, ob Sie im Besitz eines gültigen Führerscheins sind. Bitte geben Sie auch an, welche Fremdsprachen Sie sprechen und was Ihre Muttersprache ist. Was Hobbys angeht, kommt es darauf an, welches Bild Sie von sich zeichnen möchten. Wenn Sie sich zum Beispiel um einen Job als VerkäuferIn bewerben und als Hobbys Lesen und Fischen angeben, dann ist es wahrscheinlich, dass Ihre Bewerbung auf dem „Nein, danke"-Stapel endet. Der Grund dafür ist, dass Sie so den Eindruck erwecken, dass Sie lieber alleine sind und Ruhe und Frieden suchen. Geben Sie ein ungewöhnliches oder exotisches Hobby an und werden zu einem Bewerbungsgespräch eingeladen, dann müssen Sie darauf vorbereitet sein, darüber zu sprechen. Sie könnten in Schwierigkeiten geraten, wenn Sie als Hobby Tiefseetauchen angegeben haben und auf die Frage, wo sich Ihr liebster Tauchplatz befindet, nicht antworten können, weil Sie sich dem Wasser in den letzten Jahren (abgesehen von Ihrer Dusche) nicht genähert haben!

Referenzen

Es kann viel kostbaren Platz beanspruchen, die Kontaktdaten Ihrer Referenzpersonen im Lebenslauf anzugeben. Wenn ein Unternehmen Gefallen an Ihrer Bewerbung findet und Ihnen einen Job anbieten möchte, ist es sehr wahrscheinlich, dass Sie nach Referenzen gefragt werden. Schreiben Sie diese also nicht in Ihren Lebenslauf, sondern stellen Sie sie zum gegeben Zeitpunkt zur Verfügung.

Zusammenfassend sehen Sie hier eine sehr einfache Schablone für einen chronologischen Lebenslauf:

NAME
Adresse:
Telefon:
E-Mail:
Geburtsdatum (optional):

KARRIEREPROFIL (dazu mehr in Schritt Fünf)
Beschreiben Sie sich im Bezug auf den Job, für den Sie sich bewerben. Wenn Sie sich zum Beispiel als Projektleiter bewerben, aber bisher vor allem in einer unterstützenden Funktion gearbeitet haben, könnte das so aussehen: *Ein gut organisierter Verwaltungsangestellter, der viele erfolgreiche Projekte in den Bereichen Bildung/Verwaltungsreform unterstützt und/oder gemanagt hat.* Geben Sie Ihre wichtigsten Fähigkeiten und Kompetenzen an. Dazu zählen nicht nur Ihre fachlichen Qualifikationen, sondern auch Ihre „Soft Skills".

BERUFLICHER WERDEGANG
Berufsbezeichnung Ihrer letzten Stelle
Organisation
Daten
Kurze Beschreibung des Unternehmens

Ihre wichtigsten Leistungen
Kopieren Sie hier *nicht* einfach Ihre
Stellenbeschreibung hinein. Die Fähigkeiten und
Erfahrungen, die Sie hier auswählten, sollten für die
Stelle, für die Sie sich bewerben, relevant sein.

QUALIFIKATIONEN
Beginnen Sie mit Ihrem höchsten Abschluss.

AUS- UND WEITERBILDUNG
Geben Sie Informationen an, die für die Bewerbung
relevant sind.

WEITERE INFORMATIONEN
Freiwilligenarbeit, Führerschein, Sprachen etc.

HOBBYS

SCHRITT FÜNF. ZEICHNEN SIE EIN BILD VON SICH

„Daten! Daten! Daten!", rief er ungeduldig. „Ohne Lehm kann ich keine Ziegel machen." – Sherlock Holmes

Gute Arbeit, Sie haben bereits mehr als die Hälfte geschafft!

Sie haben alle wesentlichen Fakten zusammengetragen und auch einige Beispiele gefunden, die Ihre Persönlichkeit beschreiben. Nun sollten Sie, was Ihre Angaben betrifft, einige Dinge beachten. Bitte lesen Sie sich die folgenden Seiten mehrere Male genau durch, denn Sie sind wirklich wesentlich dafür, Ihrem Lebenslauf Aufmerksamkeit zu verschaffen.

Die Mehrheit der Stellenausschreibungen sieht in

etwa so aus (obwohl die Liste des Arbeitgebers wahrscheinlich viel länger ist):

Aufgaben und Zuständigkeiten:
Unterstützt das Team im Büro und in der Administration
Bearbeitet Telefon- und E-Mail-Anfragen
Verwaltet das Abteilungsbudget
Koordiniert die Projekte der Abteilung
Verwaltet den Terminkalender des Abteilungsleiters

Erforderliche Qualifikationen
Universitätsabschluss
Erwiesene Fähigkeiten im Bereich Projektmanagement
Mindestens zwei Jahre Berufserfahrung
Ausgezeichnete schriftliche und mündliche Kommunikationsfähigkeit in englischer Sprache

Der Arbeitgeber hat diese Angaben aus einem bestimmten Grund angeführt. In erster Linie ist es jetzt wichtig, dass Ihre Berufserfahrung mit den Anforderungen des Jobs übereinstimmt, für den Sie sich bewerben. Sie müssen außerdem wissen, dass die Person (es können auch mehrere sein), die Ihre Bewerbung durchsieht, die Stellenbeschreibung oder -ausschreibung mehrere Male durchgelesen hat. Diese Personen wissen, wonach sie suchen, und Sie müssen ihre Aufmerksamkeit auf sich ziehen. Deswegen ist es unerlässlich, dass Sie die folgenden drei Dinge tun:

1. *Verwenden Sie Ausdrücke, die auch in der Stellenbeschreibung verwendet wurden.* Wenn Sie also „Telefon- und E-Mail-Anfragen" gelesen haben, müssen Sie auch in Ihrem Lebenslauf „Telefon- und E-Mail-Anfragen" verwenden. Das ist besonders wichtig, wenn Sie sich bei einer großen Organisation bewerben und ein Online-Bewerbungsformular ausfüllen. Hier nimmt schon der Computer eine erste Auswahl vor. Findet der Computer nicht die Stichworte, nach denen er sucht, werden Sie es nicht zum Bewerbungsgespräch schaffen.

2. Aufgaben und Zuständigkeiten werden gewöhnlich in der *Reihenfolge Ihrer Wichtigkeit angegeben,* und Sie müssen Ihre *Berufserfahrung in derselben Reihenfolge angeben,* so weit das möglich ist. Sehen wir uns die obenstehende kurze Stellenbeschreibung noch einmal an: Ihr potenzieller Arbeitgeber hat „Verwaltung des Terminkalenders" am unteren Ende der Liste und „administrative Unterstützung" oben angegeben. Wenn Sie in Ihrem aktuellen Job hauptsächlich Termine vereinbaren, aber auch für die administrative Unterstützung eines Teams verantwortlich sind, dann sollten Sie den

letzten Aspekt so stark wie möglich hervorheben.
Macht das Sinn? Gut.

3.   Ganz egal, ob Sie sich als IT-Techniker, als
Manager eines Sportzentrums oder als Assistent
eines Staatsoberhauptes bewerben: *Wie würden Sie
die Person, nach der Sie suchen beschreiben,* wenn
Sie der Arbeitgeber wären? Welche Eigenschaften
wären Ihnen wichtig? Eine Person, mit der ich
einmal gearbeitet habe, interessierte sich für einen
Beruf in der Mediationsbranche und hatte in der
Bewerbung das Wort „enthusiastisch" verwendet.
Als wir darüber sprachen, stellte sich heraus, dass
„enthusiastisch" kein gutes Adjektiv war. Wir
dachten darüber nach, über welche Eigenschaften ein
guter Mediator verfügen sollte, und uns fielen
Begriffe wie „diskret", „diplomatisch" und
„aufrichtig" ein. Welche Eigenschaften hat der
perfekte Kandidat für den Job, den Sie haben
wollen?

Die Beantwortung dieser Frage ist nicht einfach und
wird ein bisschen Zeit in Anspruch nehmen.
Spätestens dann, wenn Ihr Telefon klingelt und Sie
zu einem Bewerbungsgespräch eingeladen werden,
war es den Aufwand aber wert. Weiter geht's!

Wie ich oben erklärt habe, müssen Sie Informationen über Ihren beruflichen Werdegang angeben, die (so weit wie möglich) zur Stellenausschreibung *passen* und für sie *relevant* sind. Erinnern Sie sich, worüber wir zuvor gesprochen hatten? Es ging um Werbung für Waschpulver und darum, einen Eindruck und ein Gefühl zu vermitteln.

Sehen Sie sich diese beiden Beispiele an:

Beispiel 1:
- Kann gut kommunizieren und gut im Team arbeiten
- Als Vorsitzende einer Abteilung habe ich ein Team von acht Angestellten geleitet. Zusammen haben wir erfolgreich eine Schulungsstrategie entwickelt und umgesetzt, die zu einem Anstieg der Verkaufszahlen geführt hat

Beispiel 2
- Aussprechen von Empfehlungen an den Vorsitzenden der Personalabteilung
- Aussprechen von Empfehlungen an den Vorsitzenden der Personalabteilung, die nach und nach umgesetzt wurden und durch die das jährliche operative Budget gesenkt werden konnte

Ich hoffe, dass Sie den Unterschied innerhalb der Beispiele erkennen können. Die erste Aussage ist ziemlich trocken und beschreibt sozusagen den Inhalt der Waschpulver-Box. Die zweite Aussage zeigt der Person, die den Lebenslauf liest, dass der Bewerber in seinem letzten Job gute Arbeit geleistet hat, ohne diese Merkmale oder Fähigkeiten genauer zu beschreiben. Durch Beispiele für Ihre Leistungen können Sie Ihrem potenziellen Arbeitgeber zeigen, dass Sie gut darin sind, was Sie tun! Was erzählen uns diese beiden Beispiele sonst noch über die Person, die den Lebenslauf gestaltet hat?

ÜBUNG

Recherchieren Sie ein bisschen über das Unternehmen, für das Sie sich bewerben. Was sagt die Website oder die Werbung über das Unternehmen aus? Welche Werte vertritt es und was für Menschen arbeiten dort? Wenn Sie gerne Teil dieses Teams sein möchten, denken Sie darüber nach, welche Fähigkeiten und Werte, die in das Unternehmen passen, *Sie* einbringen können.

Manchmal werden Sie danach gefragt, Ihre Stärken und Fähigkeiten auf dem Bewerbungsformular in getrennten Abschnitten anzugeben. Diese Liste ist aber ohne spezifische und relevante Beispiele bedeutungslos.

ÜBUNG

Gehen Sie jede Zeile Ihres Texts durch, der Ihre (soweit vorhanden) Berufserfahrung beschreibt und stellen Sie sicher, dass Sie das bestmögliche Bild davon zeichnen, was Sie zu leisten imstande sind.

Ein Profil - oder besser doch nicht?

Trends und Modeerscheinungen für Lebensläufe kommen und gehen. Ob Sie ein Profil einfügen oder nicht, liegt ganz bei Ihnen. Wenn Sie sich aber daran erinnern, dass Sie nur sechs Sekunden lang Zeit haben, den Mitarbeiter der Personalabteilung von sich zu überzeugen, dann kann so eine Zusammenfassung Ihrer Person den Leser dazu ermuntern, einen zweiten Blick auf Sie zu werfen. Lassen Sie mich das anhand eines anderen Beispiels erklären:

„In meiner Funktion als Manager haben meine hervorragenden zwischenmenschlichen Fähigkeiten während meiner Berufserfahrung im internationalen Umfeld dazu beigetragen, drei Schulungsprojekte erfolgreich umzusetzen. So wurden die Mitarbeiter dabei unterstützt, Ihre beruflichen Ziele zu erreichen. Zusätzlich zu meiner universitären Ausbildung verfüge ich über eine Ausbildung als „Project Management Professional" (PMP) und arbeite gerne in Teams, die zielgerichtet orientiert sind und sich dem Erreichen von Resultaten verpflichtet fühlen."

Mit diesen wenigen Zeilen habe ich meinem potenziellen Arbeitgeber mitgeteilt, dass ich eine tolle Managerin bin, gut kommunizieren kann, ein Teamplayer bin und dass man sich darauf verlassen kann, dass ich Aufgaben zu Ende bringe. Was erzähle ich noch über mich?

Vergessen Sie nicht, sich ein Image zu geben, dass zur Stellenbeschreibung passt. Stellen Sie sich die folgenden Fragen: Welches Bild möchten Sie von sich zeichnen? Auf welche Leistung(en) sind Sie stolz? Was können Sie richtig gut? Fragen Sie Ihre Familie und Ihre Freunde danach, Ihre Stärken zu beschreiben. Sind Sie gut im Organisieren? Achten Sie auf Details oder sehen Sie eher das große Ganze? Sind Sie ein Teamplayer oder arbeiten Sie besser, wenn Sie alleine sind?

Es kann eine Weile dauern, die Antworten auf all diese Fragen zu finden und noch länger, Ihre Antworten in einfache Sätze zu verpacken. Haben Sie Ihr Profil aber erst einmal erstellt, dann müssen Sie bei jeder neuen Bewerbung nur noch an Kleinigkeiten feilen.

Gwyneth Letherbarrow

SCHRITT SECHS. DER LETZTE SCHLIFF

„Tu etwas Gutes, wo immer du bist. Es sind all die Kleinigkeiten, die zusammen die Welt verändern." – Desmond Tutu

Sie haben es fast geschafft ...

Am Anfang dieses Buchs habe ich darüber gesprochen, dass *alles* in Ihren Lebenslauf hinein muss, auch wenn er dann mehrere Seiten lang ist, erinnern Sie sich? Jetzt ist es an der Zeit, über die Formatierung und die Länge nachzudenken.
Abhängig von der Höhe der Position und davon, was der Arbeitgeber in Ihrem Lebenslauf sehen möchte, sollten Sie versuchen, Ihren Lebenslauf auf maximal zwei Seiten zu kürzen.

Wenn Sie meinen Empfehlungen in Schritt Vier gefolgt sind, dann haben Sie Ihre Angaben bereits in die richtige Reihenfolge gebracht. Es bestehen einige Unterschiede zwischen nordamerikanischen und europäischen Formaten. Je nach Standort wird entweder der berufliche Werdegang oder die Ausbildung zuerst angeführt, also denken Sie bei Ihrer Bewerbung daran. Vorformatierte Bewerbungsformulare weisen jeder Information, die Sie eingeben, einen bestimmten Platz zu.

Ihr Lebenslauf sollte einfach zu lesen sein. Ein erster Schritt sind deutliche Überschriften und ein angemessener Abstand zwischen den einzelnen Abschnitten.

Verwenden Sie eine Schriftart, die einfach zu lesen ist, wie „Times New Roman" oder „Calibri".

Sie sollten nur eine Farbe verwenden, wenn möglich Schwarz.

Bitte fügen Sie keine Trennlinien oder Kästchen in Ihren Lebenslauf ein. Obwohl es wichtig ist, dass man auf Anhieb erkennen kann, wo sich welche Information befindet, können Trennlinien und Kästchen das Auge irritieren.

Verwenden Sie wenn nötig Aufzählungspunkte, um Ihren beruflichen Werdegang zu beschreiben. Für jede Stelle sollten das nicht mehr als maximal vier RELEVANTE Punkte sein. Bewerben Sie sich für einen Job als Manager eines Verkaufsteams, dann sollten Sie nicht darüber schreiben, dass Sie in Ihrem letzten Job Berichte verfasst haben.

Entscheiden Sie selbst, welche Berufserfahrung den Anforderungen Ihres neuen Jobs entspricht. Sollte der Platz knapp werden, dann könnten Sie in Betracht ziehen, Jobs, die nicht vollständig zur Stellenausschreibung passen, mit nur einem oder zwei Aufzählungspunkten zu beschreiben.

Führen Sie eine Rechtschreibprüfung durch. Wenn Sie es für nötig halten, dann drucken Sie Ihren Lebenslauf aus und lassen ihn von jemandem ansehen. Obwohl ich eine überzeugte Umweltschützerin bin muss man bedenken, dass heutzutage das meiste Druckpapier aus Bäumen hergestellt wird, die für die Papiererzeugung gezüchtet wurden. Sie können Entwürfe, die Sie ausgedruckt haben, immer wieder in den Recyclingbehälter werfen, sobald Sie wissen, welche Änderungen noch anstehen.

Letzte Empfehlungen

1. Lesen Sie sich die Bewerbung genau durch. Fragt das Unternehmen nach einem Lebenslauf, dann senden Sie einen Lebenslauf. Lassen Sie sich *nicht* dazu verleiten, das Bewerbungsformular eines anderen Arbeitgebers zu verwenden.

2. Senden Sie kein Foto von sich, außer, Sie wurden ausdrücklich dazu aufgefordert. Sollten Sie auf diesem Foto ein rosafarbenes T-Shirt tragen und die Person, die Ihren Lebenslauf ansieht, Rosa für eine schreckliche Farbe hält, könnten Sie so einen Nachteil für sich selbst erzeugen.

3. Wenn Sie nach einem Anschreiben gefragt werden, dann legen Sie eines bei (siehe „In sechs Schritten zum beruflichen Erfolg: Das Anschreiben")

4. Die Datei, die Ihren Lebenslauf enthält, sollte Ihren Namen haben. Geben Sie Ihren Namen und den Namen der Stellenausschreibung am unteren Ende jeder Seite an (in der Fußzeile). So kann die Personalabteilung Ihre Angaben viel einfacher identifizieren, wenn es neben Ihren Unterlagen noch hunderte andere gibt.

5.   Wenn Sie Ihren Lebenslauf per E-Mail versenden, sollte der Betreff des E-Mails die Nummer/den Titel der Stellenausschreibung beinhalten. Es klingt vielleicht überflüssig, aber vergewissern Sie sich, dass Sie Ihren Lebenslauf an die Mail angehängt haben!

6.   Wenn Sie Ihren Lebenslauf in Papierform versenden, dann verwenden Sie bitte ein Kuvert im A4-Format (falten Sie Ihre Bewerbung nicht) und klammern Sie sie mit einer Büroklammer zusammen. Wenn Sie in der Personalabteilung arbeiten würden und Lebensläufe kopieren müssten, dann wäre es Ihnen sicherlich auch lästig, Ihre Zeit mit dem Entfernen von Heftklammern verbringen zu müssen.

7.   Kontrollieren Sie, ob der Name der Person, an die Sie Ihre Bewerbung schicken, korrekt geschrieben ist.

RESULTAT!

Herzlichen Glückwunsch! Sie haben jetzt die Basis für einen fantastischen Lebenslauf. Dieses Dokument wird Arbeitgebern dabei helfen, zu verstehen, wie großartig Sie wirklich sind und sich von den Bewerbungen anderer Personen abheben. So erhöhen sich Ihre Chancen auf ein Bewerbungsgespräch. Natürlich müssen Sie je nach Stellenausschreibung noch einige Änderungen vornehmen, aber der Großteil der harten Arbeit liegt hinter Ihnen.

Bitten bedenken Sie aber noch Folgendes, bevor dieses Buch endet:

Im Internet gibt es keine Geheimnisse. Sehen Sie sich Ihre Profile in sozialen Medien einmal mit den Augen eines Fremden an. Welchen Eindruck haben Sie? Sollten einige Fotos oder Witze vielleicht entfernt werden? Hat sich Ihre Meinung über ein bestimmtes Thema geändert, sodass Ihre Facebook-Posts nicht mehr Ihr wahres Ich widerspiegeln? Wäre es Ihnen recht, Ihre Posts auf der Titelseite einer Zeitung zu sehen?

„Googeln" Sie sich selbst und gehen Sie die Suchergebnisse durch. Ein interessierter Arbeitgeber wird das nämlich auch tun. Wenn Sie etwas finden sollten, das Sie lieber entfernen würden, dann können Sie „Google" darum bitten.

Ändern Sie Ihr Profilfoto und nutzen Sie Ihre sozialen Netzwerke dazu, das Image zu unterstreichen, das Arbeitgeber sehen sollten.

Das war's! Ich wünsche Ihnen jeden erdenklichen Erfolg dabei, Ihren Traumjob zu finden!

Gwyneth Letherbarrow

FRAGEN UND ANTWORTEN

Es gibt wahrscheinlich noch einige unter Ihnen, die sich Gedanken über Themen machen, die ich in diesem Buch nicht behandelt habe. In diesem letzten Abschnitt habe ich deswegen die Fragen zusammengestellt, die mir am häufigsten gestellt werden, zusammen mit meinen Antworten.

Frage: In meinem Lebenslauf gibt es Lücken, weil ich arbeitslos war. Was soll ich schreiben?
Antwort: Das ist eine dieser Gretchenfragen. Falls Sie nach einer Umstrukturierung, einer Fusion oder einem ähnlichen Ereignis entlassen wurden und deswegen arbeitslos waren, können Sie diese Information angeben. Dann müssen Sie aber auch beschreiben, was Sie während dieser Zeit gemacht haben. Es wäre zum Beispiel nicht gut, wenn Sie darüber schreiben, dass Sie die Zeitung gelesen und sich mit Freunden zum Kaffeetrinken verabredet haben. Stattdessen könnten Sie darüber schreiben, dass Sie die Zeit dazu genutzt haben, Ihre berufliche Entwicklung voranzubringen, indem Sie am Arbeitsmarkt recherchiert und Networking betrieben haben. Haben Sie Freiwilligenarbeit in Ihrer Gemeinde geleistet? Verstehen Sie, was ich meine?

Frage: Ich war längere Zeit krank und habe deswegen nicht gearbeitet. Sollte ich das in meinen Lebenslauf schreiben?

Antwort: Das ist ebenfalls eine schwierige Frage. Das liegt daran, dass Ihr potenzieller Arbeitgeber vielleicht abgeschreckt ist, wenn Sie diese Information in Ihren Lebenslauf schreiben. Es ist Ihre persönliche Entscheidung, aber gehen Sie nicht ins Detail, was Ihren Gesundheitszustand betrifft.

Frage: Sollte ich angeben, warum ich meinen aktuellen Job aufgeben will?

Antwort: Wenn Sie Ihren Job aus freien Stücken beenden, dann haben Sie hoffentlich einen guten Grund dafür. „Ich hasse meinen Chef" oder „ich will mehr Gehalt" sind keine guten Gründe. Versetzen Sie sich in die Lage des Arbeitgebers: Welchen Grund, einen Job aufzugeben, würden Sie akzeptieren?

Frage: Sollte ich die Wahrheit sagen?
Antwort: IMMER!

Frage: Worüber soll ich sprechen, wenn ich noch keine Arbeitserfahrung habe, weil ich gerade erst die Schule/meine Ausbildung/die Universität beendet habe?

Antwort: Konzentrieren Sie sich darauf, wie

schnell Sie lernen können, und auf Ihre Stärken. Untermalen Sie mit Beispielen, wie Sie die Initiative ergreifen und Aufgaben erledigen können. Ihre Antworten sollten dem Arbeitgeber zeigen, wie er davon profitieren kann, Sie an Bord zu holen. Genauso wie jeder andere Bewerber müssen auch Sie ein Bild von sich zeichnen.

WEITERFÜHRENDE LITERATUR
UND NÜTZLICHE LINKS

"Bewerbung Beruf & Karriere / Training Schriftliche Bewerbung: Anschreiben - Lebenslauf - E-Mail- und Online-Bewerbung" von Jürgen Hesse und Hans Christian Schrader (2013)

"You're Hired! CV: How to write a brilliant CV" von Corinne Mills (2009)

www.monster.at oder www.monster.de

http://www.karriere.at/c/lebenslauf

http://www.karriere.at/

http://www.stepstone.at/

www.linkedin.com

Internationale Seiten:

http://www.developmentaid.org/

https://www.devex.com/en/

https://careers.un.org/lbw/Home.aspx

www.osce.org

In Sechs Schritten zum Beruflichen Erfolg: Erfolgsrezept Lebenslauf

ÜBER DIE AUTORIN

Gwyneth Letherbarrow MBA

Gwyneth hilft Ihnen dabei, das Beste aus sich herauszuholen. Sie ist darauf spezialisiert, Teams nach Umstrukturierungen, Stellenabbau oder Fusionen wieder zusammenzuführen und hat hunderten Menschen dabei geholfen, ihre selbst auferlegten Hindernisse zu überwinden und ihre Ziele zu erreichen.

Zusätzlich zu ihrer Universitätsausbildung ist sie ein qualifizierter Coach und bietet spezialisiertes Coaching und Beratungsdienste an, um die Kommunikation am Arbeitsplatz zu verbessern. Gwyneth arbeitet lieber mit Menschen als mit Maschinen und erkennt an, dass jeder von uns einzigartig ist und wir in der Lage sind, unsere eigene Zukunft zu gestalten, ganz nach unseren eigenen Wertvorstellungen und Wünschen.

Die Weiterbildung und die berufliche Entwicklung anderer war schon immer ein integraler Bestandteil von Gwyneths Arbeitsalltag. Sie verfügt über eine 25-jährige Erfahrung innerhalb multinationaler und multikultureller Unternehmen wie den Vereinten Nationen und der OSZE in Europa und den Balkanstaaten und hat außerdem in der Privatwirtschaft gearbeitet.

Einen Beitrag leisten

Die Art, wie wir miteinander kommunizieren, ändert sich so schnell, dass die meisten von uns nicht mithalten können. Besonders junge Menschen stehen großen Herausforderungen gegenüber, wenn sie in den Arbeitsmarkt eintreten. Deswegen arbeitet Gwyneth mit Jugendlichen zusammen und zeigt ihnen, wie sie sich selbst und andere unterstützen können. Indem sie lernen, sich realistische Ziele zu setzen, können sie auch erreichen, was sie sich vorgenommen haben.

Gwyneth Letherbarrow